Direction de la publication :
Isabelle Jeuge-Maynart et Ghislaine Stora
Édition : Sylvie Cattaneo-Naves
Mise en pages : Nord Compo
Couverture : Audrey Gaucher
Fabrication : Marlène Delbeken

ISBN : 978-2-03-599045-7

PAPIER À BASE DE FIBRES CERTIFIÉES

LAROUSSE s'engage pour l'environnement en réduisant l'empreinte carbone de ses livres. Celle de cet exemplaire est de :
250 g éq. CO_2
Rendez-vous sur www.larousse-durable.fr

Pour les Éditions Larousse, le principe est d'utiliser des papiers composés de fibres naturelles, renouvelables, recyclables et fabriquées à partir de bois issus de forêts qui adoptent un système d'aménagement durable. En outre, les Éditions Larousse attendent de leurs fournisseurs de papier qu'ils s'inscrivent dans une démarche de certification environnementale reconnue.

Les 50 règles d'or du cavalier débutant

Sarah Berrier

LAROUSSE

21 rue du Montparnasse 75283 Paris Cedex 06

Sommaire

Se mettre en selle

Progresser

Chouchouter sa monture

Vous avez dit cavalier débutant ?

Petit ou grand, qui n'a jamais imaginé se tenir fièrement sur le dos d'un cheval ? Mais encore faut-il se lancer ! Et ce n'est pas toujours facile de savoir par où commencer, ni de poser toutes les questions qui nous passent par la tête lorsque l'on arrive dans un centre équestre...

Ces 50 règles d'or sont autant de conseils pour débuter, d'informations pratiques pour mieux appréhender ses premiers cours d'équitation, d'astuces pour faciliter l'approche avec les chevaux ou encore d'anecdotes pour satisfaire sa curiosité...

Avec au final un objectif : que vos premiers pas (et galops) à cheval soient un véritable plaisir ! Peut-être vous aussi, attraperez-vous le virus !

Remontez à ses origines

Le cheval fait partie des animaux qui ont évolué de manière spectaculaire au fil des millénaires...

• L'ancêtre du cheval serait l'**Eohippus**, apparu il y a un peu plus de 50 millions d'années en Amérique du Nord. Il ne mesure pas plus de 40 cm pour un poids de 5 à 6 kg. Il n'a pas de sabot mais quatre doigts à l'extrémité de ses antérieurs et trois aux postérieurs. Herbivore, il vit essentiellement dans les sous-bois.

• Il y a 30 millions d'années, le **Mesohippus** lui succède. Il a perdu un doigt aux antérieurs et gagné 10 cm. Sa tête s'est aussi allongée. Ce serait l'un des mammifères les plus répandus en Amérique du Nord à cette époque.

• Le **Merychippus** prend ensuite la relève, il y a 15 millions d'années. Ses 90 cm au garrot, ses membres plus redressés et sa tête plus allongée lui confèrent une allure assez semblable à celle des chevaux actuels. Cette évolution morphologique serait la réponse à un changement climatique qui a entraîné le développement de prairies aux dépens des forêts.

- Le **Pliohippus** apparaît il y a environ 12 millions d'années. Il a encore grandi puisqu'il atteint 1,20 m au garrot. Il ne marche plus que sur un doigt central, les latéraux ayant vu leur taille considérablement réduite.
- Il y a 4 à 5 millions d'années, le genre **Equus** (famille actuelle des chevaux) émerge. Il y a déjà différents types : les chevaux mais aussi les ânes, les hémiones et les zèbres.

L'Eohippus

Révisez son histoire

Les chevaux ont réussi à se disperser sur tous les continents ou presque, suscitant à chaque fois l'intérêt de l'homme qui a fini par le domestiquer…

• Si le **berceau des équidés serait l'Amérique du Nord,** les chevaux vont profiter d'épisodes de glaciation entre 2,5 et 23 millions d'années pour emprunter le détroit de Béring et rejoindre le continent eurasiatique.
• **Au Paléolithique, les hommes chassent le cheval**, source de viande moins difficile et moins dangereuse à atteindre que les mammouths ou les bisons… Ils utilisent également la peau, les crins, les dents et les os pour confectionner vêtements et outils.
• **Le cheval est l'un des derniers animaux à avoir été domestiqués.** Ce n'est que vers le milieu du Néolithique que les hommes ont commencé à les enfermer dans des enclos, à boire du lait de jument, à les harnacher…
• Le cheval a **longtemps été utilisé pour la guerre, le transport et le travail**, notamment dans les champs. Ce n'est que récemment, dans les années 1960 en France, qu'il devient un animal de loisir.

Différenciez les races pour la compétition...

Il n'existe pas moins de 397 races de chevaux dans le monde.

• Jusqu'au début du XXe siècle, les chevaux de selle français sont destinés à la guerre. Ils sont sélectionnés pour leur mental et leur courage. Avec la révolution industrielle, ils deviennent des montures de sport. Est alors créée la race **Selle français**, caractérisée par des chevaux de grande taille avec une ossature robuste, de la force et du sang. Aujourd'hui, le Selle français s'illustre en concours de saut d'obstacles et en concours complet.

• **L'Anglo-arabe (1)** est la deuxième grande race de sport française. Créée en 1833, elle est issue de croisements entre Pur-sang anglais et arabes. Il a hérité de l'élégance, de l'endurance des chevaux arabes, mais aussi de la grande taille, de la puissance et de la vitesse du Pur-sang anglais. Il est apprécié en concours complet.

• Le **KWPN (2)** est une race néerlandaise récente, issue de croisements de chevaux français, allemands et de Pur-sang anglais. C'est l'une des races les plus représentées en concours internationaux de saut d'obstacles et de dressage.

• Le **Poney français de selle** est issu de croisements entre des ponettes françaises et des poneys anglais (Connemara, New Forest, Welsh...) ou des Pur-sang arabes. Il allie la rusticité du poney, et les allures du cheval. Très polyvalent, on le croise en compétition dans toutes les disciplines.

• Le **Pur-sang arabe (3)** est l'une des plus anciennes races de chevaux. Ce cheval sec, de petite taille, et dont la tête fine au profil concave est caractéristique, se distingue par son élégance. Il est plébiscité en course d'endurance.

• Créé à la fin du XVIIIe siècle, le **Pur-sang anglais** est le cheval de course par excellence. Sa silhouette longiligne et athlétique fait de lui le roi des hippodromes.

• Le **Quarter Horse (4)** est un cheval nord-américain issu de croisements de chevaux anglais et espagnols. Sa spécialité : le sprint. Assez petit, musclé et robuste, il est la star des compétitions en équitation western. C'est aussi la race la plus représentée dans le monde.

1
2
3
4

... et pour le loisir !

Mais parce qu'il n'y a pas que la compétition, petit tour d'horizon des races de chevaux et poneys qui excellent en équitation plaisir...

• Le **Camargue** fait partie des plus anciennes races du monde. L'élevage de ce petit cheval gris, agile, vif et robuste, est déjà encouragé par Jules César. Polyvalent et très maniable, il est idéal en loisir et en balade.

• Le **Pure race espagnole**, aussi appelé **Andalou**, est une race très ancienne restée presque intacte. Il se caractérise par une tête large, légèrement bombée, et un corps tout en rondeurs. Il est apprécié pour son élégance, sa sensibilité et sa grande capacité d'apprentissage.

• Originaire des Pays-Bas, le **Frison** est l'une des plus anciennes races européennes. Unique en son genre, avec sa robe noire et ses longs crins ondulés, il excelle en attelage mais aussi en spectacle et au cinéma.

• Le **Haflinger** est une race de poneys autrichienne. Sa robe alezane crins lavés et ses yeux expressifs font de lui l'un des poneys préférés des jeunes cavaliers. Polyvalent et docile, il est la monture familiale de loisir par excellence.

• Le **Percheron** est la race de chevaux de trait française la plus connue. Capable d'efforts intenses, le Percheron a longtemps été utilisé pour tracter les diligences mais aussi en agriculture. Aujourd'hui, il est toujours employé en attelage de loisir et de sport, mais il fait aussi son retour pour effectuer certains travaux urbains et agricoles.

Reconnaissez les robes...

La robe correspond à la couleur des chevaux. Elle se détermine en fonction de la couleur des poils, des crins, mais aussi parfois des yeux et de la peau.

LES ROBES SIMPLES

- **Blanc ou crème** : les poils et les crins sont blancs ou crème, la peau est rose et les yeux sont bleus.
- **Noir** : les poils et les crins sont noirs.
- **Alezan** : les poils et les crins sont marron (du beige foncé au marron foncé).
- **Café au lait** : les poils et les crins sont crème ou beige clair, la peau est noire.

LES ROBES COMPOSÉES DE DEUX COULEURS SÉPARÉES

- **Bai** : les poils sont marron, les crins et les extrémités des membres sont noirs.
- **Souris** : les poils sont gris, les crins et les extrémités des membres sont noirs.

• **Isabelle :** les poils sont crème ou beige clair, les crins et les extrémités des membres sont noirs.
• **Alezan crins lavés ou palomino** : les poils sont marron, les crins sont blancs à beige clair.

LES ROBES COMPOSÉES DE PLUSIEURS COULEURS MÉLANGÉES

• **Gris :** les poils et les crins sont noir et blanc.
• **Aubère :** les poils et les crins sont blanc et marron.
• **Louvet :** les poils et les crins sont noir et marron.
• **Rouan :** les poils et les crins sont noir, blanc et marron mélangés.

LES PANACHURES

• **Pie :** les poils et les crins noirs ou marron avec de plus ou moins grandes plages blanches sous lesquelles la peau est rose. Il existe 5 robes de type pie (overo, tobiano, tovero, balzan, sabino) qui diffèrent selon l'importance, la position et la forme des plages blanches.
• **Tachetée :** tout ou partie du corps est constellé de petites taches noires ou marron.

... et les particularités physiques

Les particularités physiques des chevaux sont comme des empreintes digitales, elles sont uniques...

SUR LA TÊTE

- L'**en-tête** est une marque blanche située sur le front. Il en existe de toutes formes (losange, étoile, croissant...).
- La **liste** est une marque blanche localisée sur le chanfrein. Elle peut être plus ou moins longue et large. Elle n'est pas forcément droite ni régulière.

SUR LES MEMBRES

- La **trace** est une marque blanche qui ne fait pas le tour complet du membre. En général, elle se limite à la couronne.
- Le **principe** est une marque blanche qui fait le tour complet du membre du sabot jusqu'au niveau de la couronne.
- La **balzane** est une marque blanche qui fait le tour complet du membre du sabot et qui atteint

au moins le niveau du paturon. Elle peut même remonter au-dessus des genoux ou des jarrets.

• Le **bracelet** est une marque blanche qui fait le tour complet du membre sans toucher le sabot.

SUR TOUT LE CORPS

• Le **ladre** est une dépigmentation de la peau qui est alors rose (au lieu de noire). Les ladres sont le plus souvent situés sur les naseaux, le bout du nez, les lèvres, autour des yeux et des parties génitales.

• Les **épis** de poils sont localisés sur tout le corps, y compris la tête et les membres. Ils varient d'un cheval à l'autre par leur nombre, leur taille, leur forme et leur position.

• La **raie de mulet** est une ligne noire qui part de la nuque et va jusqu'à la queue. Il s'agit d'une marque primitive, présente chez les chevaux porteurs du gène « dun ». On la trouve chez certaines races de poneys, comme les Fjord, ou d'ânes.

BON À SAVOIR

Toutes les particularités d'un cheval sont précisément décrites sur son passeport.

Apprenez les parties de son corps...

Le cheval est composé de trois grandes parties :
l'avant-main (du bout du nez à l'antérieur),
le corps (du passage de sangle au flanc),
et l'arrière-main (de la hanche à la queue).

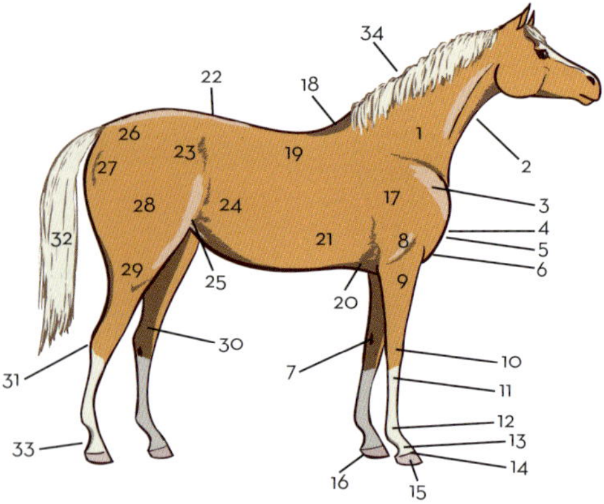

1. Encolure
2. Jugulaire
3. Pointes de l'épaule
4. Poitrail
5. Ars
6. Interars
7. Châtaigne
8. Bras
9. Avant-bras
10. Genou
11. Canon
12. Boulet
13. Paturon
14. Couronne
15. Sabot
16. Glomes
17. Épaule
18. Garrot
19. Dos
20. Passage de sangle
21. Côtes
22. Rein
23. Hanche
24. Flanc
25. Grasset
26. Croupe
27. Fesse
28. Cuisse
29. Jambe
30. Jarret
31. Pointe du jarret
32. Queue
33. Fanons
34. Crinière

LE SAVIEZ-VOUS ?

De nombreuses parties de l'anatomie du cheval sont désignées par des mots utilisés pour les humains. Le cheval a ainsi des jambes et non pas des pattes. C'est dire que le cheval tient une place à part parmi les animaux !

... et de sa tête

La tête d'un cheval peut présenter différents profils : concave, avec le chanfrein « cassé », rectiligne, avec le chanfrein droit, ou convexe (dit aussi busqué), avec le chanfrein bombé.

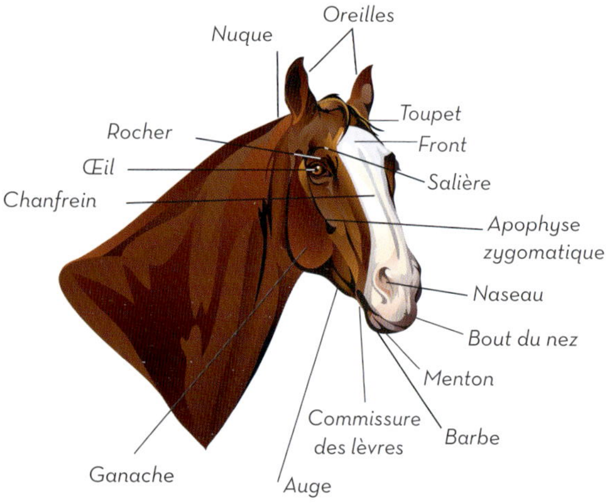

Entrez dans sa peau

Bien avant que l'homme ait l'idée de le monter, le cheval était une proie. C'est pourquoi ses sens sont particulièrement développés : il doit pouvoir surveiller tout ce qui se passe autour de lui…

SA VUE

- Le cheval **voit tout autour de lui, ou presque !** Chacun de ses yeux fonctionne de façon indépendante ce qui lui offre une vision quasi panoramique (à 340°). Il voit arriver ses ennemis de loin !
- Les **zones aveugles** sont situées au bout de son nez et juste derrière lui. Il faut être très prudent lorsque l'on passe derrière un cheval : il ne perçoit pas cette zone et peut vite prendre peur et se défendre en donnant un coup de sabot.
- Il a une **vision dichromate**, c'est-à-dire qu'il distingue les couleurs allant du bleu au jaune. Mais il ne perçoit pas le rouge, ni le vert qu'il voit gris.
- Sa **vision nocturne** est bien meilleure que la nôtre. Par contre, il a du mal à accommoder lorsqu'il y a de brusques changements de luminosité.

SON OUÏE

• Il a une **ouïe bien développée**, d'autant plus qu'il peut diriger ses oreilles vers la source du son pour mieux l'identifier. C'est à cause de cette grande sensibilité qu'il peut devenir nerveux lorsqu'il est confronté à beaucoup de bruits.

• Il perçoit les sons dont la fréquence se situe **entre 55 Hz et 33 500 Hz** (pour l'homme, c'est entre 16 Hz à 20 000 Hz). Contrairement à nous, il arrive à capter les ultrasons. En revanche il n'entend pas certains sons graves que nous percevons.

SON ODORAT

• Son odorat est très pointu. Il peut capter l'odeur de ses congénères ou de son cavalier à une **longue distance**.

• Lorsqu'il perçoit une odeur bizarre, il retrousse le bout de son nez pour mieux sentir. On appelle cette drôle de mimique le **flehmen**.

• L'odorat joue également un **rôle social** très important pour les chevaux. Par exemple, lorsque deux équidés se rencontrent, ils vont spontanément se sentir. Une étape indispensable pour faire connaissance.

SON TOUCHER

- Sa **peau** très sensible est dotée de muscles superficiels qui permettent au cheval de la faire tressaillir, par exemple pour chasser un insecte.
- Pour « toucher », le cheval utilise les poils situés sur le bout de son nez : les **vibrisses**. Ils lui permettent d'identifier les objets et la nourriture situés dans la zone aveugle devant lui, avant de les saisir.
- Ses **sabots** lui permettent de sentir la nature du sol et donc d'adapter son allure et sa vitesse.
- Il apprécie également les **grattages** sur certaines zones, comme le garrot ou le creux de l'épaule.

SON GOÛT

- **Il aime aussi bien le sucré que le salé**. Par contre, il apprécie peu les aliments très acides ou amers.
- En complément de son odorat, son goût lui permet de **distinguer les plantes qu'il peut manger de celles toxiques pour lui**.

Adoptez son rythme de vie

En liberté, les chevaux ont leurs petites habitudes. Observez-les !

• **La principale activité des chevaux au pré : brouter.** En moyenne, ils y passent 14 heures par jour ! Ils ont également besoin de boire, entre 20 et 40 litres d'eau. Pour s'alimenter et se désaltérer, ils se déplacent au pas. Ils ne prennent le trot et le galop que pour fuir ou pour jouer !

• Les chevaux **se reposent 5 à 6 heures par jour**, le plus souvent pendant les périodes les plus chaudes de la journée. Au pré, ils préfèrent en général rester debout, les yeux mi-clos, prêts à fuir en cas de danger. Cependant, s'ils se sentent en confiance, ils peuvent s'allonger. Vous remarquerez alors qu'au moins un des chevaux du troupeau reste malgré tout debout pour faire le guet.

• De temps en temps, ils font une pause **toilettage** : ils se grattent mutuellement avec les dents au niveau de l'encolure, du garrot et même parfois du dos ou de la croupe... Des endroits qu'ils n'arrivent pas à atteindre seuls. Le toilettage mutuel permet de renforcer les relations entre eux et apaise les tensions qui peuvent survenir dans le troupeau. Cependant, il y a des règles : c'est le cheval dominé qui commence à toiletter son compagnon et c'est le dominant qui décide d'y mettre fin.

• Les chevaux **aiment aussi beaucoup jouer**, surtout lorsqu'ils sont jeunes ! Ils se battent, se mordent, partent au triple galop pour faire la course... Ces jeux sont aussi des entraînements qui les préparent à faire face au danger.

Lisez dans ses pensées

Malgré sa domestication, le cheval reste un animal très peureux. Explications...

- **Le cheval a été une proie pendant 60 millions d'années.** C'est pourquoi ses sens sont parfaitement adaptés à la détection des dangers. Même s'il ne vit plus à l'état sauvage, son instinct lui dicte toujours de fuir au moindre doute.
- **Animal grégaire**, toute sa vie s'organise par rapport aux autres membres du troupeau. C'est là qu'il se sent le plus en sécurité. Le séparer de son groupe c'est ce qui est le plus anxiogène pour lui.
- Tous **les chevaux ne sont pas égaux** face au danger. La notion de peur varie en fonction du cheval, de son expérience et de son apprentissage.

BON À SAVOIR

Depuis la fin du XXe siècle, l'équitation comportementale tire profit des connaissances des éthologues pour créer une approche qui permet au cheval et au cavalier de communiquer plus facilement. Une méthode qui vient des États-Unis où ces dresseurs sont appelés chuchoteurs : on dit qu'ils murmurent à l'oreille des chevaux.

Devinez son humeur

Contrairement à nous, les chevaux ne peuvent ni parler, ni rire, ni pleurer, pour s'exprimer. Voici quelques clés pour décoder leurs sentiments…

• **Il est joyeux** lorsqu'il parade, la tête haute, la queue en panache et que d'un coup, il part au triple galop en lâchant quelques ruades… Il peut également montrer sa joie en poussant un puissant hennissement quand on l'appelle ou qu'on lui amène à manger.
• Lorsqu'il tend l'encolure, les yeux à moitié fermés et le bout du nez légèrement retroussé, c'est qu'**il se sent bien** ! Une posture qu'il prend, par exemple, lorsqu'on lui gratouille le garrot…
• **Pour savoir ce qui focalise son attention**, surveillez ses oreilles, souvent tournées dans la direction qui l'intéresse. Quand vous êtes en selle, par exemple, si votre cheval est concentré sur ce que vous lui demandez, ses oreilles seront dirigées vers vous.
• En reprise, lorsqu'il mâchouille son mors un peu comme un chewing-gum, c'est un signe de **concentration et de décontraction**.

- **Quand il est seul, le cheval a tendance à s'ennuyer** : il mordille la porte de son box, se balance d'un pied sur l'autre pendant des heures ou avale de l'air en prenant appui avec ses dents sur le bord d'un mur. Tous ces tics sont néfastes pour sa santé.
- Contrairement aux apparences, lorsqu'un cheval tape du pied par terre, cela n'a rien d'agressif : **il exprime son agacement**. Il le fait souvent en été par exemple, lorsqu'il est attaqué par des mouches.
- **Un cheval qui couche les oreilles en arrière lance un avertissement** lié à une situation qui lui fait peur ou qui le met en colère. Dans les deux cas, cette mimique préfigure une réaction plus violente. Méfiance !
- **Il exprime sa colère** par des ruades, ou des morsures. Le plus souvent, elle est dirigée vers d'autres chevaux.
- **Face à un danger**, le cheval peut avoir différentes réactions : il peut simplement sursauter, se figer et dresser les oreilles. Il peut aussi faire un écart pour s'éloigner d'un objet qui l'effraie.
- **Quand il panique**, il ouvre grand les yeux et les naseaux, recule et tente de fuir à tout prix, y compris s'il est attaché ou monté.

RÈGLE 13

Gagnez sa confiance

Difficile de gagner la confiance d'un animal qui nous perçoit à l'origine plutôt comme un ennemi ! Tout est une question de tact, de temps et de patience...

- **Le cheval ne cherche pas un ami mais plutôt un guide, un leader.** D'ailleurs, à l'état sauvage, les chevaux vivent en troupeau, dirigé par un étalon en qui ils ont confiance.
- Pour être un bon leader, il faut avant tout **chercher à comprendre les chevaux et leurs réactions**. Pour cela, vous pouvez lire des livres, demander des conseils à votre moniteur et surtout passer du temps à observer les chevaux...
- **Un bon leader est avant tout respectueux et juste.** Attention, cela ne veut pas dire gentil. Il faut savoir poser des limites et, quand cela est nécessaire, punir sa monture à la hauteur de la bêtise (il ne s'agit pas non plus d'abuser de la cravache).
- On ne gagne pas la confiance d'un cheval en le gavant de friandises. **Apprenez à doser les récompenses.**

• Comme les chevaux sont peureux, **il faut réussir à garder son calme en toutes circonstances**, et ne pas paniquer face à une situation difficile. C'est le meilleur moyen de les rassurer et de gagner leur confiance.
• Dans tous les cas, **ne cédez jamais à l'énervement ou à la colère** même si votre monture n'en fait qu'à sa tête.
• Enfin, votre cheval sera d'autant plus content de vous voir si vous n'êtes pas trop envahissant. Sachez **le laisser tranquille et laissez-lui passer du temps avec ses congénères**.

Constituez votre nécessaire de pansage

Le pansage consiste à brosser le cheval et à vérifier son état afin de s'assurer qu'il n'est ni malade ni blessé. La plupart des centres équestres mettent à disposition du matériel de pansage.

Pour réaliser un pansage complet, vous avez besoin :
• d'une **étrille** qui aide à décoller la crasse. Elle peut être :
- en caoutchouc, la plus douce, idéale pour les chevaux sensibles et pas trop sales,
- en plastique, efficace et bien tolérée par la plupart des chevaux,
- en métal, adaptée pour les chevaux qui vivent au pré et qui peuvent être couverts de boue. Mais certains chevaux chatouilleux peuvent avoir du mal à la supporter ;

- d'un **bouchon** qui permet d'éliminer la poussière et les poils morts. Dans un premier temps, choisissez un bouchon à poils assez durs et pas trop longs, efficace et polyvalent ;
- d'une **brosse douce**, souvent large et ovale, qui permet de finaliser le pansage et de lustrer le poil. Optez pour une brosse aux poils assez courts et souples ;
- d'un **cure-pied** pour nettoyer les sabots. Préférez les cure-pieds intégrant une petite brosse, très utile pour retirer toute la terre ;
- d'une **brosse à crins**. Vous pouvez aussi utiliser une brosse à cheveux munie de picots : elle démêle bien sans trop arracher les crins.

Optez pour une protection maximale

Casque, gilet... Adoptez un équipement qui vous protège, notamment en cas de chute.

• Pour monter à cheval au sein d'une structure, **vous devez obligatoirement porter un casque**. Si la plupart des centres peuvent vous en prêter un, il est vivement recommandé de vous équiper si vous décidez de pratiquer régulièrement.
• Votre casque doit être bien ajusté : **il ne doit pas trop vous serrer mais ne doit pas bouger lorsque vous secouez la tête**. Pour connaître votre taille, mesurez votre tour de tête avec un mètre à couture, juste au-dessus de vos sourcils, là où la circonférence est la plus grande.
• Facultatif, le **gilet de protection pour le dos** protège la colonne vertébrale en cas de choc. Plus ou moins techniques, certains intègrent un système d'airbag. Ces derniers sont essentiellement utilisés pour le cross ou le CSO. Choisissez un modèle selon votre pratique et vos fragilités physiques.

Soignez votre tenue

Pour être à l'aise lorsque vous montez, investissez dans une tenue appropriée…

- Incontournable, **le pantalon d'équitation** est conçu sans coutures sur l'intérieur des jambes pour éviter les frottements. Fabriqué dans un tissu souple et élastique, il reste confortable une fois en selle.
- Quand vous essayez un pantalon, **vérifiez que vous pouvez vous asseoir sans qu'il vous compresse la taille, et plier les genoux sans qu'il vous coupe la circulation**.
- Optez pour **des chaussettes hautes** (au-dessus du mollet) afin qu'elles ne glissent pas au milieu du cours.
- En haut, choisissez un T-shirt et un pull (ou sweat) confortables, ni trop amples ni trop serrés pour rester libre de vos mouvements.
- Optez pour un **manteau court (à la taille) ou fendu à l'arrière**, sans quoi il risque de vous gêner en selle. Préférez un vêtement près du corps et léger (type doudoune), chaud et confortable.
- Équipez-vous de **gants à picots ou antidérapants** pour préserver vos mains, notamment l'hiver.

Trouvez chaussures à vos pieds

Choisir un modèle de bottes ou mini-chaps qui vous convient est indispensable que ce soit pour votre confort mais aussi pour votre technique et votre sécurité...

- **Les bottes ou boots doivent être munies d'un petit talon** (environ 1 cm) afin d'éviter que votre pied ne glisse et passe à travers l'étrier. En cas de chute votre pied risquerait de rester coincé dans l'étrier.
- Elles peuvent être **en plastique, en caoutchouc, ou en cuir**, mais ces dernières sont beaucoup plus onéreuses et plutôt destinées aux cavaliers confirmés.
- Il existe des bottes spéciales pour le dressage (plus rigides), pour l'obstacle (plus souples), pour la randonnée (dont la semelle est plus épaisse)... Mais pour débuter, **optez pour un modèle polyvalent**.
- Prenez **une pointure au-dessus** de votre taille afin de pouvoir facilement doubler votre paire de chaussettes l'hiver sans être serré.

• **Veillez à ce que vos bottes ou vos chaps soient bien ajustées à vos mollets** : ils ne doivent pas flotter, sinon vous risquez d'avoir un contact moins bon avec votre cheval. Mais ils ne doivent pas non plus être comprimés.

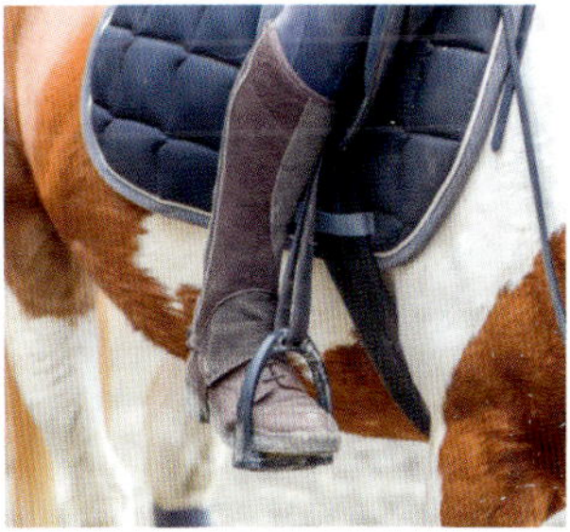

• Vérifiez enfin que vous pouvez **plier entièrement les genoux sans être gêné** par la tige des bottes.

BOTTES OU MINI-CHAPS ?

Associés à des boots, les mini-chaps ont l'avantage de pouvoir être enlevés facilement. C'est très appréciable quand il fait chaud l'été ! En revanche, quand il s'agit de marcher dans des flaques de boue, les bottes ont l'avantage d'être parfaitement étanches y compris au-dessus de la cheville.

Devenez incollable sur le harnachement

Inutile de se lancer dans l'achat d'un filet ou d'une selle dès les premiers cours d'équitation. Mais sachez néanmoins qu'il en existe pour tous les chevaux et tous les usages…

LE FILET

- Il est le plus souvent **en cuir**. Mais il peut aussi être en matière synthétique, notamment lorsqu'il doit être souvent nettoyé, comme c'est le cas en endurance par exemple.
- Il est muni d'un **mors adapté à chaque cheval**. Ainsi, les chevaux sensibles de la bouche auront un mors épais, recouvert de caoutchouc ou en résine. À l'inverse, pour les chevaux qui ont une bouche « dure », on optera pour un mors fin, en inox, éventuellement à aiguilles.

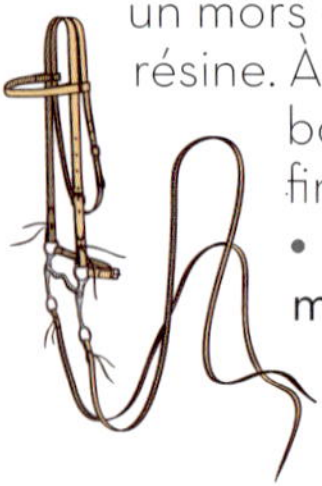

- Il existe aussi **différents types de muserolles** :
  – **la muserolle française**, portée sur le milieu du chanfrein, est la moins

contraignante. Elle permet au cheval de jouer avec son mors ;
– **la muserolle allemande** et **la muserolle croisée** sont en revanche beaucoup plus dures, puisqu'elles forcent le cheval à fermer la bouche au niveau même du mors. Ces muserolles sont utilisées sur des montures qui ont la fâcheuse habitude de passer leur langue au-dessus du mors afin de limiter son action.

LA SELLE

• Les selles peuvent être **en cuir** ou **en matériau synthétique**.
• **Il existe des modèles spécifiques selon les disciplines.** Par exemple, pour le dressage, la selle est munie de quartiers longs et d'un siège creux. Pour l'obstacle, les quartiers sont beaucoup plus avancés et le siège plat. Pour la monte en amazone, la selle est munie de deux fourches pour caler les jambes et de deux sangles pour lui éviter de tourner. Et pour l'équitation western, elle est plus large et munie d'une corne sur le pommeau.

Prenez soin du matériel

Que ce soit votre propre matériel ou celui de votre club, il est indispensable de l'entretenir régulièrement si vous voulez le faire durer...

• Après chaque cours, **rincez le mors du filet à l'eau claire** pour retirer les résidus de salives et d'herbe.
• Brossez également **le tapis** au bouchon pour enlever le gros des poils, et laissez-le sécher sur l'envers. Lavez-le en machine tous les trimestres ou tous les mois en cas d'utilisation régulière.
• Après chaque utilisation, époussetez **vos brosses de pansage** afin de retirer le plus gros de la poussière. Une fois par trimestre, laissez-les tremper pendant une heure dans un seau d'eau claire mélangée à un verre de vinaigre blanc. Puis rincez votre matériel avant de bien le faire sécher à l'air libre.
• Si vous utilisez des **protections** (guêtres, protège-boulets, cloches), brossez-les après chaque utilisation. Si elles sont très sales, rincez-les à l'eau

claire et mettez-les à sécher. Tous les trimestres, faites-les tremper dans un seau d'eau avec un verre de vinaigre. Puis rincez-les et faites-les bien sécher.

• Tous les mois, prévoyez l'**entretien des cuirs**. Commencez par les nettoyer à l'aide d'une éponge légèrement humide et de savon glycériné. Laissez-les sécher. Puis nourrissez-les avec une graisse à cuir et un chiffon doux : pour bien la faire pénétrer, massez le cuir en faisant des petits cercles.

• En général, **les équipements en matériau synthétique** nécessitent moins d'entretien que les cuirs. Pensez néanmoins à les imperméabiliser régulièrement au besoin.

Choisissez bien votre club

Avant de commencer à prendre des cours, il vous faut sélectionner le centre équestre dans lequel vous inscrire…

• Pour trouver les clubs à proximité de chez vous, **consultez le site de la Fédération française d'équitation**, www.ffe.com. Il recense tous les centres équestres agréés.
• N'hésitez pas à **visiter les sites web et les réseaux sociaux des centres**, ils vous donneront une bonne idée de l'ambiance. Vous pourrez aussi voir s'ils ont des orientations particulières. Certains clubs en effet ne font pas du tout de compétition, d'autres pas du tout de balades, d'autres encore peuvent être spécialisés dans une seule discipline comme l'équitation western…
• **Allez voir les centres** qui semblent correspondre à vos attentes.
– Commencez par **visiter les installations** : un manège couvert et un club-house par exemple

peuvent être bien agréables l'hiver ou lorsqu'il pleut. De même un endroit spacieux, lumineux et abrité pour faire le pansage et seller est toujours plus sécurisant lorsque l'on débute.

– **Faites connaissance avec la cavalerie** : observez les chevaux et les poneys dans leur box mais aussi en cours. Ils doivent vous paraître calmes et bien dressés. Vérifiez également que vous trouverez des montures adaptées à vous.

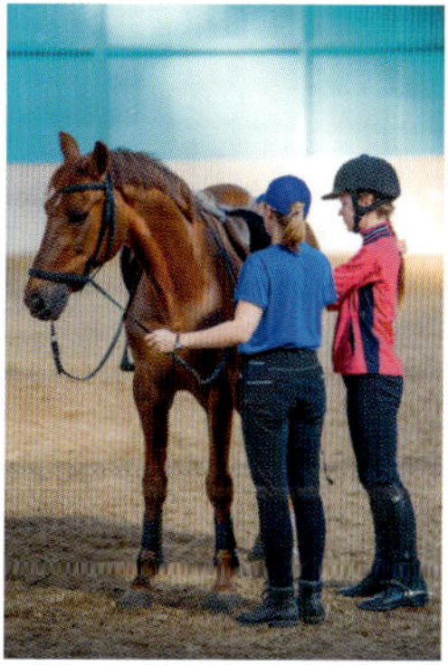

– N'hésitez pas à **discuter avec les moniteurs** pour savoir quelles sont les disciplines pratiquées dans le club, comment se déroulent les cours, quels sont les horaires de cours, les tarifs, etc.

Échangez également avec les cavaliers pour avoir leur ressenti et leur avis sur le centre.

• Une fois un club sélectionné, **demandez à faire un cours d'essai** avant de prendre un abonnement trimestriel ou une carte de plusieurs cours.

Faites le tour des écuries

Cheval ou poney ? Loisir ou compétition ? Assurez-vous que votre centre propose des montures adaptées à vous, à votre niveau et à vos envies...

• L'idéal est de débuter sur **une monture adaptée à sa taille.**
– **Les enfants** seront plus à l'aise sur un poney ou un double poney (moins de 1,48 m au garrot).
– **Les adultes** en revanche préféreront commencer à cheval.
À savoir : le caractère de la monture ne dépend pas de sa taille ! Il y a des poneys très vifs, voire difficiles, à réserver à des enfants confirmés, et des grands chevaux calmes, parfaits pour les débutants.
• **Demandez si la cavalerie du club est bien adaptée** à des cavaliers débutants.
• Assurez-vous que les chevaux vont bien et sont bien traités : ils doivent avoir le poil brillant, ne pas

être trop gros ou trop maigres, avoir les sabots en bon état, leur box doit être bien entretenu...

• N'hésitez pas à **passer du temps dans le centre pour les observer**. Regardez les cavaliers s'en occuper, les sortir du box, les panser, les monter. Idéalement, assistez à un cours débutant, cela vous permettra d'avoir une bonne idée de comment cela se passe.

LE SAVIEZ-VOUS ?

Il existe un label « Qualifications loisirs » qui témoigne des qualités physiques et comportementales d'un cheval ou d'un poney à savoir un caractère confiant, peu émotif, coopératif, des allures souples et équilibrées... Pour obtenir ce label, l'équidé doit notamment réussir 12 tests comportementaux et un arrêt d'urgence depuis le galop.

Préparez votre premier cours

Vous avez sélectionné un centre équestre. Vient l'heure de vous préparer pour le cours d'essai…

• Optez pour une **tenue chaude, confortable et adaptée** (*cf.* Règle 13). N'hésitez pas à prendre plusieurs couches : vous pourrez vous découvrir en selle et vous rhabiller après le cours.
• **Emmenez une petite bouteille d'eau et de quoi goûter** : le premier cours assoiffe et creuse toujours !
• **Évitez de prendre avec vous des objets de valeur.** Une fois en selle, vous ne pourrez pas les surveiller.
• **Arrivez au moins une heure avant votre cours** afin de voir quel cheval ou poney vous montez, et si nécessaire, d'aider à le panser et à le seller. Ce premier contact avant le cours va vous permettre de faire connaissance avec votre monture et *vice versa*.
• **Posez des questions ou demandez de l'aide** à un moniteur ou à d'autres cavaliers habitués si vous ne savez pas comment faire ou si vous vous sentez dépassé. Cela vous aidera à rester zen !

Surmontez votre stress

Vous avez envie de monter à cheval mais vous êtes angoissé ? Voici des astuces pour rester zen...

- **Parlez-en à votre moniteur.** Il vous proposera des exercices pour vous détendre et gagner en confiance.
- Quand vous sentez le stress vous envahir, **fermez les yeux et respirez profondément** plusieurs fois.
- **Parlez à votre cheval** : demandez-lui si tout va bien pour lui, racontez-lui ce que vous avez fait la veille ou chantez-lui une chanson. Cela va vous permettre de vous échapper du contexte qui vous angoisse.
- **Ne cherchez pas à brûler les étapes.** C'est le meilleur moyen de se faire des frayeurs !
- **Faites confiance à votre moniteur.** Il connaît votre niveau et sa cavalerie. Et si vous écoutez bien ses conseils, tout devrait bien se passer.

BON À SAVOIR

Le cheval est très sensible aux émotions de son cavalier. Il est un peu comme une éponge : si vous êtes stressé, il le sentira et cela va l'angoisser aussi.

Respectez les règles de sécurité à cheval...

Dans la mesure où elle est pratiquée avec des animaux qui peuvent parfois avoir des réactions imprévisibles et puissantes, l'équitation nécessite de suivre un certain nombre de règles de sécurité à ne jamais négliger, que l'on soit cavalier débutant ou confirmé.

- **Portez votre casque** avant même de mettre le pied à l'étrier.
- **Gardez une distance équivalente à la longueur d'un cheval** avec celui qui est devant vous. Vous éviterez ainsi de l'agacer et de vous faire botter.
- **En balade, ne vous laissez pas distancer.** En raison de son instinct grégaire, votre monture n'aimera pas être séparée du groupe, elle risque de vouloir rattraper ses congénères.

• **Évitez également de trotter ou de galoper en botte-à-botte** (côte à côte) avec un autre cavalier. Vos chevaux risquent d'avoir envie de jouer ou de faire la course.

• **En cours, regardez bien autour de vous où sont les autres cavaliers, et respectez les règles de priorités** :

- à allure égale, les cavaliers qui évoluent piste à main gauche (c'est-à-dire que le centre du manège est sur leur gauche) sont prioritaires. Les cavaliers piste à main droite doivent alors se décaler en piste intérieure, c'est-à-dire à environ 2 m de la piste, à l'intérieur du manège ;
- les cavaliers évoluant à l'allure supérieure sont prioritaires qu'ils soient piste à main gauche ou à main droite.

• Si un cheval s'emballe ou si un cavalier chute, **repassez au pas et regroupez-vous avec les autres cavaliers** pour éviter que tout le groupe de chevaux ne s'excite.

... mais aussi à pied

Les accidents les plus graves ont souvent lieu non pas à cheval mais à pied, à côté du cheval. Il ne faut donc surtout pas baisser sa garde lorsque l'on tient un cheval en main ou que l'on fait les soins.

- Lorsque vous abordez un cheval, **évitez de le surprendre**. Signalez votre présence en lui parlant, puis dirigez-vous vers sa tête.
- **Ne passez jamais juste derrière un cheval.** Laissez une distance d'au moins 1,50 m. Il ne pourra ainsi pas vous atteindre s'il botte.
- **N'enroulez jamais les rênes ou la longe autour de votre main ou de vos doigts.** Si le cheval tire violemment il risque de vous faire très mal.
- Lorsque vous tenez votre cheval en main, veillez à **rester à hauteur de sa tête**, ne vous laissez jamais doubler. Pour cela, restez ferme sur la longueur de longe ou de rênes et n'hésitez pas à faire un petit cercle avec lui afin de l'obliger à rester à votre hauteur.
- **Apprenez à réaliser le nœud d'attache** qui permet d'être retiré en un clin d'œil en cas d'urgence.

- Quand vous attachez votre cheval, **veillez à ne pas lui laisser trop de longueur de longe** pour qu'il ne se prenne pas un pied dedans et qu'il ne puisse pas aller enquiquiner les chevaux voisins.
- **Ne vous enfermez jamais dans un box avec un cheval.** Mettez le licol à votre monture près de la porte de son box que vous laissez entrouverte pour pouvoir sortir en cas d'urgence. Et faites attention à ne pas vous laisser coincer.
- **Lorsque vous lâchez un cheval au pré**, tournez-lui la tête vers l'entrée pour lui enlever son licol. Il devra alors faire demi-tour pour aller gambader, cela vous laissera le temps de vous éloigner et de vous mettre à l'abri de ses ruades.

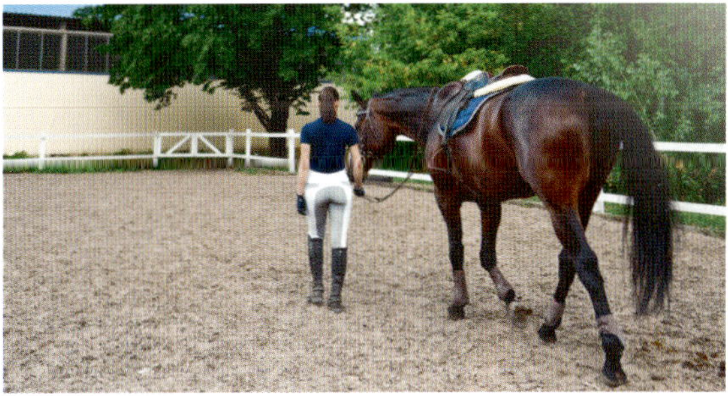

Montez !

Cela peut sembler être une évidence, et pourtant, se mettre en selle n'est pas si simple...

- **Choisissez un endroit calme et sécurisant** : dans le manège ou la carrière par exemple.
- Si d'autres cavaliers montent en même temps, mettez-vous botte-à-botte en gardant de la distance entre chaque cheval pour éviter qu'ils chahutent.
- **Vérifiez le sanglage** : la sangle doit être suffisamment serrée pour que la selle reste en place quand vous allez monter.
- **Réglez vos étriers** : placez votre poing au niveau du couteau, là où l'étrivière est attachée à la selle. Si elle est à la bonne longueur, l'étrier doit arriver dans le creux de votre aisselle.

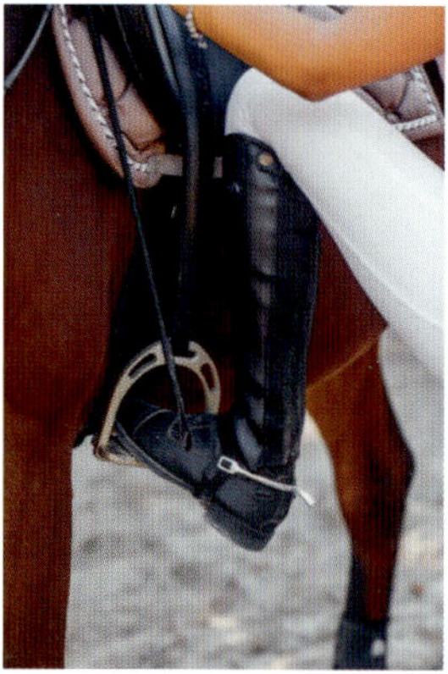

• **Placez-vous à gauche de votre monture** près de son épaule.
• **Ajustez vos rênes** : elles doivent être tendues sans toutefois tirer sur la bouche. Puis, prenez-les dans votre main gauche. Pour qu'elles ne se relâchent pas, vous pouvez attraper en même temps une petite mèche de crinière.
• Puis **placez votre pied gauche dans l'étrier** en faisant attention à ne pas cogner dans les flancs de votre monture, cela pourrait l'inciter à avancer.
• **Hissez-vous sur le dos de votre cheval.** Pour vous aider, attrapez le troussequin (à l'arrière de la selle) avec votre main droite.
• Enfin, **asseyez-vous délicatement** dans la selle.
• **Si votre monture avance, tendez aussitôt les rênes** pour l'arrêter : elle ne doit pas bouger !

LE SAVIEZ-VOUS ?

La règle de monter à gauche remonte au temps des chevaliers. Comme ils portaient l'épée à gauche, il était plus prudent de passer la jambe droite par-dessus la croupe de leur monture.

Adoptez la bonne position

Qu'est-ce qui fait qu'un cavalier est à l'aise sur n'importe quel cheval ? Sa position...

• **Veillez à vous tenir droit**, les épaules ouvertes, les bras souples au contact de la bouche de votre cheval, le rein accompagnant ses mouvements, les jambes bien descendues, les genoux légèrement écartés de la selle, les mollets au contact et les talons bien baissés.
• **Regardez loin devant vous.** Si vous fixez les oreilles de votre cheval, tout votre poids reposera sur les épaules de votre monture.
• **Décontractez-vous.** Si vous êtes angoissé, vos muscles seront crispés et votre position ne pourra pas être liante avec votre monture. Alors, respirez !
• **Ne faites pas l'impasse sur les mises en selle.** Ces séances souvent détestées par les cavaliers sont pourtant indispensables pour travailler sa position ! Il s'agit par exemple de passer le cours sans étriers au pas comme au trot. Ça fait mal aux

fesses et cela occasionne des courbatures, mais c'est la meilleure façon d'avoir une assiette au top. Pour ne pas trop souffrir, pensez à respirer et essayez de vous décontracter autant que possible.

- Si vous avez un cheval de confiance, **fermez les yeux**. Cela vous permettra de mieux sentir les mouvements de votre monture et donc de mieux les accompagner.

LE SAVIEZ-VOUS ?

Selon la discipline pratiquée, la position ne va pas être la même. Par exemple pour franchir des obstacles, le cavalier va se mettre en équilibre sur ses étriers pour ne pas gêner son cheval.

Maîtrisez les allures...

Avant de vous élancer au triple galop à travers champs, mieux vaut savoir comment arrêter votre monture. Une étape incontournable !

Pour vous arrêter :

- **Commencez par vérifier que vos rênes sont bien ajustées** : elles doivent être tendues, au contact avec la bouche de votre cheval sans pour autant lui tirer dessus.
- **Redressez-vous et asseyez-vous dans la selle en mettant vos épaules légèrement en arrière.** Vous allez ainsi reporter votre poids sur l'arrière-main. C'est en quelque sorte un premier message pour votre cheval qui va alors ralentir.
- **Serrez ensuite vos doigts sur les rênes.** Normalement, cela devrait suffire mais si ce n'est pas le cas, persistez dans votre demande en serrant les rênes de plus en plus fort, et en redressant davantage votre dos et vos épaules, jusqu'à ce que votre cheval cède.

• Dès qu'il est immobile, **détendez vos doigts et votre dos**. Vous pouvez même lui faire une petite caresse pour le récompenser !

• **Si votre cheval s'emballe**, c'est-à-dire qu'il part au grand galop et ne veut plus s'arrêter, gardez vos épaules bien en arrière et faites-le tourner sur un cercle que vous réduisez petit à petit. Cela devrait le ralentir et le calmer. Si malgré ça, il ne s'arrête toujours pas, tirez sur une des rênes de manière à lui amener le bout du nez quasiment sur votre genou. Cela ne lui fait pas mal, mais comme il doit plier complètement son encolure, il ne voit plus où il va, il va donc être obligé de s'arrêter.

... et les figures

Il existe plusieurs techniques pour tourner lorsque l'on est en selle. La façon la plus simple, c'est de réaliser une rêne d'ouverture...

Pour demander à votre cheval de tourner :

• **Fixez le point vers lequel vous voulez vous diriger.** Vous allez ainsi prévenir votre cheval qu'il va bientôt devoir tourner. Cela va aussi vous permettre de bien visualiser la trajectoire à effectuer.

• **Pour aller vers la droite, écartez votre main droite de l'encolure en tournant votre poignet** : les ongles de vos doigts doivent être dirigés vers le ciel. Attention à bien garder les coudes près du corps et surtout à ne pas tirer la rêne vers vous. Au contraire, votre main doit légèrement s'avancer et aller vers le haut.

• **Avec l'autre rêne (la rêne extérieure), vous allez contrôler l'angle de la courbe** : plus vous relâchez la rêne extérieure, plus vous pouvez aller sur une courbe serrée, et inversement.

• Pour éviter que votre cheval ne se couche dans la courbe, **plaquez votre jambe intérieure contre**

son flanc. Cette action l'incitera à s'enrouler autour de votre jambe et à se redresser.

• Une fois la courbe effectuée, **remettez vos mains en position devant vous,** en veillant à ce que les rênes restent ajustées.

BON À SAVOIR

Il existe de nombreuses figures de manège qui permettent notamment de travailler la direction et la souplesse du cheval : la volte (un cercle), la demi-volte (un demi-cercle), le doublé (qui consiste à traverser le manège dans la longueur ou la largeur)...

Récompensez sans abuser

Il peut être tentant de gâter son cheval après une bonne séance ou pour lui faire plaisir. Mais attention à ne pas récompenser à tort et à travers...

Les chevaux sont très sensibles aux récompenses. Pensez donc à les gratifier souvent mais aussi proportionnellement à l'effort demandé :
– **une petite caresse sur l'encolure, un « bravo ! »** sont de petites récompenses pour des actions bien exécutées ;
– **une caresse plus vigoureuse (mais pas une tape), ou le fait de lui laisser les rênes longues quelques minutes** sont des récompenses plus fortes, après un exercice intense ou une nouvelle action qu'il a réussi ;
– vous pouvez enfin **le laisser brouter une dizaine de minutes ou lui donner des friandises** (carottes, pain sec, bonbons pour chevaux...) après la reprise. Mais attention, lui donner trop de friandises risque de le faire grossir, mais aussi de **l'inciter à mordiller** pour en obtenir toujours plus. À utiliser avec parcimonie !

Variez les montures...

Après quelques cours, vous avez déjà peut-être un cheval préféré dans votre club. Mais il est important de ne pas monter que lui...

Changer souvent de monture vous fera progresser :

• Vous apprendrez à vous **adapter à différentes tailles et morphologies** de chevaux et poneys, ce qui peut être déstabilisant quand on n'a pas l'habitude.

• Vous devrez aussi **faire avec différents caractères de chevaux.** Cela va vous obliger à réfléchir à votre façon de les aborder, de communiquer. Vous allez ainsi devoir être plus à l'écoute, apprendre à doser vos actions selon la sensibilité de votre cheval, et expérimenter différentes approches.

• Vous aurez **un apprentissage plus complet et vous aurez acquis davantage d'expérience** parce que vous aurez appris non pas à monter un cheval mais à cheval. Cela vous rendra plus confiant.

• Ainsi vous saurez **cerner plus rapidement les points forts et les points faibles d'un cheval, analyser ses réactions...** Autant de choses qui feront de vous un vrai cavalier ou une vraie cavalière !

... et les plaisirs !

En équitation classique, vous alternez différents types de cours : les mises en selle, les cours de dressage et les cours de saut d'obstacles...

• **La mise en selle** sert à travailler votre assiette, votre équilibre et votre position à cheval. Pour ces cours, le moniteur vous propose des exercices parfois un peu douloureux pour vos muscles ! N'hésitez pas à prendre une douche ou un bain bien chaud pour vous détendre après ces séances.
• **Le dressage** permet de développer la relation cavalier-cheval en travaillant sur les allures, les figures, la souplesse et l'équilibre. Vous réalisez des exercices permettant notamment d'affiner les actions de vos aides.
• **Le saut d'obstacles** a pour objectif le franchissement, harmonieux et sans faute, d'obstacles de différentes formes, hauteurs, et longueurs. Pour ces cours, vous devez protéger les membres de votre cheval avec des guêtres, des protège-boulets, voire des cloches.

Réussissez vos premiers sauts

Dépassez votre appréhension !

• **Raccourcissez vos étriers** pour être en flexion sur vos articulations lorsque vous serez en équilibre.
• Une fois lancé, **soignez votre position en équilibre** : restez détendu, gardez vos articulations souples et ne vous accrochez pas avec vos mollets, le cheval pourrait penser que vous lui demandez d'accélérer.
• **Avancez vos mains et posez-les sur l'encolure de votre cheval**, en veillant à garder les rênes au contact de sa bouche. Cela évitera de lui donner un coup de mors dans les dents au moment du saut, lorsqu'il aura besoin d'étendre son encolure au-dessus des barres pour les franchir.
• À l'abord de l'obstacle, **restez zen, ne vous agitez pas, encadrez votre cheval avec vos mains et vos jambes bien fixes, regardez loin devant vous.**
• Après l'obstacle, **redressez vos épaules** et continuer à regarder loin devant vous.

Ne brûlez pas les étapes

Vous saurez vite évoluer en selle aux trois allures, et peut-être même aurez-vous franchi quelques croisillons. Mais ne vous laissez pas griser !

• **Restez vigilant sur les règles de sécurité**, à cheval ou à côté. C'est souvent là qu'un accident se produit.
• **Ne pressez pas votre moniteur pour aller plus vite, ou tester un cheval difficile.** Lui seul connaît votre niveau et ce que vous êtes capable de faire.
• **Gardez en tête que :** « qui va doucement va sûrement ». C'est en brûlant les étapes que l'on peut se faire vraiment peur.

BON À SAVOIR

Vous la redoutiez, la voilà, **votre première chute**... Si vous ne vous êtes pas fait mal, ne restez pas sur un échec et remontez à cheval tout de suite, au pas. Discutez avec votre moniteur pour savoir pourquoi vous êtes tombé, et comment l'éviter.

Passez les Galops®

La Fédération française d'équitation (FFE) a créé des diplômes fédéraux permettant d'évaluer les niveaux des cavaliers : les Galops®.

- Il existe 7 Galops® qui **évaluent la pratique équestre et les soins et connaissances du cavalier sur les chevaux**. À chaque Galop® correspondent des objectifs que le cavalier doit remplir.
- Pour obtenir un Galop® **le cavalier passe un examen composé de plusieurs parties** à côté du cheval et en selle. Dans la majorité des cas, les Galops® peuvent être passés au sein même de votre club.
- Il existe aussi **des Galops® spécialisés**, par exemple : les Galops® poneys, pour les cavaliers de 3 à 10 ans, les Galops® pleine nature pour les cavaliers d'extérieur, les Galops® voltigeur, westerner, de dressage...

BON À SAVOIR

Le Galop® 4 est considéré comme **le brevet de cavalier**. Il existe ensuite des Galops® de compétition en dressage, CSO, CCE, hunter, endurance et TREC.

Testez différentes disciplines

L'équitation offre une grande variété de disciplines. Un bon moyen de progresser...

- **La balade ou la randonnée** se pratique en extérieur et vous permet d'être en harmonie avec la nature.
- **Les *pony-games*** regroupent de jeux nécessitant adresse, vitesse et complicité avec son poney.
- **En attelage,** le cheval n'est pas monté mais il tracte une voiture.
- **La voltige** met en scène un ou plusieurs cavaliers qui réalisent figures et acrobaties sur un cheval tenu en longe au pas ou au galop.
- **L'équitation western** propose une pratique basée sur le travail des cow-boys aux États-Unis.
- **Le cross** consiste à franchir des obstacles naturels ou fixes tels que buttes, troncs, fossés... Il s'adresse à des cavaliers qui maîtrisent déjà le saut d'obstacles.
- **Le horse-ball** est un sport d'équipe qui consiste à marquer des paniers : une sorte de mix entre le basket-ball et le handball, mais à cheval.

Lancez-vous dans la compétition

Inutile d'avoir des années de pratique pour faire sa première compétition...

- Les centres équestres organisent souvent des **petites compétitions internes** incluant notamment des épreuves pour les débutants. Idéal pour découvrir la compétition sans trop de pression !
- **Vous n'aurez pas forcément le choix de votre monture**. Mieux vaut faire un joli parcours avec un cheval difficile qu'un sans-faute avec un cheval facile.
- **Prenez le temps de reconnaître le parcours**, pour mémoriser l'ordre des obstacles, repérer les trajectoires à réaliser, les pièges... C'est le moment de bien écouter les conseils de votre moniteur.
- **Regardez passer quelques cavaliers** : cela va vous permettre de vérifier que vous connaissez bien le parcours mais aussi de repérer d'éventuelles difficultés.
- À votre tour, **présentez-vous devant le jury, saluez-le, et lancez-vous** au son de la cloche.
- Et n'oubliez pas que **l'essentiel est de participer** !

Soignez l'abord

Qu'il soit dans son box, en stalle ou au pré, l'abord d'un cheval ne s'improvise pas...

AU BOX

- **Prévenez-le de votre présence** en lui parlant doucement.
- **Ouvrez la porte du box et rabattez-la mais sans la verrouiller.** Vous devez pouvoir sortir juste en la poussant en cas d'urgence.
- **Si le cheval est dos à vous, n'allez pas le chercher au fond du box.** Restez à l'entrée, parlez-lui, attirez son attention avec une poignée de foin par exemple, poussez doucement sa croupe avec votre main, jusqu'à ce qu'il se retourne et vous présente sa tête. Dans tous les cas, ne vous mettez jamais derrière lui pour le faire tourner.
- **Passez-lui le licol.**

EN STALLE

- **Prévenez-le de votre présence** en lui parlant doucement.

- En restant bien sur le côté, **posez doucement une main sur la croupe** pour qu'il vous laisse un passage entre la cloison de la stalle et lui.
- **Passez à côté de lui** et remontez jusqu'à sa tête.
- **Détachez le nœud d'attache.**
- **Exercez une pression progressive sur la longe vers l'arrière** pour lui demander de reculer afin de sortir de la stalle. Accompagnez-le en restant près de sa tête.

AU PRÉ

- **Prévenez-le de votre présence** en l'appelant.
- **Dirigez-vous vers son encolure** sans lui faire face directement et sans non plus arriver par-derrière.
- **Passez-lui le licol.**
- **Récompensez** avec une caresse ou une friandise.
- Certains chevaux facétieux ne se laissent pas attraper si facilement au pré. Dans ce cas, **restez calme et opiniâtre**. Ne cherchez pas à le bloquer dans un coin. Laissez-le courir, suivez-le tranquillement, il finira par arrêter de vous fuir quand il en aura assez. Pensez à le récompenser quand il vous laissera l'attraper, il s'en souviendra et vous ennuiera moins la prochaine fois.

Maîtrisez l'art du pansage

Savoir panser son cheval est une base incontournable de l'équitation et pour cause, le pansage ne sert pas juste à faire joli !

À QUOI SERT LE PANSAGE ?

- À **vérifier l'état général du cheval** : a-t-il un comportement habituel ? Est-il blessé ? A-t-il mal quelque part... C'est lors du pansage que l'on peut détecter d'éventuelles anomalies.
- En période de mue, à l'automne mais surtout au printemps, **le pansage permet d'aider les chevaux à se débarrasser des poils qui tombent** et qui les grattent énormément.
- C'est **un moment privilégié avec sa monture** : il vous permet de prendre la température, voir quelle est son humeur et faire connaissance s'il s'agit d'un cheval que vous ne connaissez pas.
- C'est également l'occasion de **lui faire une petite beauté** et de lui dispenser un massage... En règle générale, les chevaux adorent ça !

COMMENT FAIRE UN PANSAGE ?

- Le pansage doit être fait **avant et après le travail.**
- Commencez par **l'étrille pour décoller la crasse** agglomérée dans les poils. Passez-la énergiquement sur les parties charnues (surtout pas la tête ni les membres) en faisant des ronds.
- Prenez ensuite **le bouchon pour éliminer la crasse et la poussière** que l'étrille a décollées. Passez-le partout (sauf sur la tête) dans le sens du poil.
- Continuez avec **la brosse douce qui va finaliser le pansage et lisser le poil.** Elle s'utilise avec l'étrille et se passe en trois temps : tout d'abord à rebrousse-poil, puis dans le sens du poil et enfin sur l'étrille afin de nettoyer la brosse. Vous pouvez la passer partout mais uniquement dans le sens du poil sur la tête.
- À l'aide d'un cure-pied, **nettoyez ensuite les quatre sabots** de votre cheval et vérifiez qu'ils sont en bon état (*cf.* Règle 40).
- Passez ensuite un coup de **brosse dans les crins** (*cf.* Règle 41). Pour la queue, ramenez-la vers vous, ne vous mettez surtout pas derrière votre cheval.
- **Nettoyez enfin le coin de ses yeux** doucement avec une éponge propre et légèrement humide.

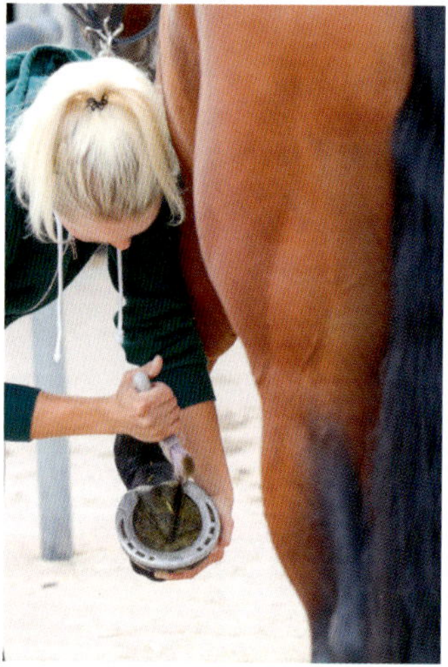

BON À SAVOIR

Si vous n'avez pas trop de temps devant vous, vous pouvez faire un **pansage express** en ne passant que le bouchon et, bien sûr, en curant les pieds [ça, c'est obligatoire !!!].

Prenez soin de ses pieds

Curer les pieds est le moment du pansage le plus important ! Des sabots mal soignés ou négligés peuvent engendrer de graves maladies...

- **Curez les pieds régulièrement** : avant et après le cours mais aussi au moindre doute, l'impression par exemple que votre cheval est gêné ou qu'il boite.
- **Utilisez toujours la pointe du cure-pied du haut vers le bas**, des glomes vers la pince. Ainsi, vous ne risquez pas de l'enfoncer dans les parties molles du sabot situées au niveau du talon.
- **Nettoyez méticuleusement les lacunes** de chaque côté de la fourchette (la partie triangle sous le pied).
- Puis **dégagez la ligne blanche**, le long du fer.
- **Terminez le nettoyage en passant la brosse sur l'ensemble de la sole.** Vérifiez bien qu'il ne reste pas de petits cailloux ni de crottins coincés dans un recoin.
- Si besoin **passez un onguent à l'aide d'un pinceau.** Il en existe différentes sortes : pour sabots trop secs ou au contraire pour sabots trop mous.

Toilettez les crins

Les crins – poils de la crinière et de la queue – sont une arme contre les mouches et les insectes. Il faut donc en garder une certaine longueur.

• Pour **démêler les crins, utilisez une brosse à crins ou une brosse à cheveux munie de picots**. Cette dernière est très efficace et ne casse pas les crins.
• Ensuite, **peaufinez le démêlage au peigne**. Avec votre main libre, tenez les crins à leur base pour éviter de les casser.
• **Pour coiffer la queue**, placez-vous à côté de votre cheval, au niveau de sa croupe. Attrapez la queue et ramenez-la vers vous. Vous éviterez ainsi de vous prendre un coup de sabot.

BON À SAVOIR

Les crins sont faits de **kératine** (comme les sabots, les cheveux et les ongles). Pour les renforcer, il existe des produits notamment à base de biotine à appliquer dessus. Vous pouvez aussi donner à votre cheval des comprimés de levure de bière.

Sellez !

Trop facile de seller son cheval ? Pas sûr ! Ces gestes sont parfois négligés ou bâclés avec l'habitude. Résultat : un inconfort, voire des blessures pour le cheval...

- Avant toute chose, **attachez votre monture dans un endroit au calme,** suffisamment spacieux pour vous permettre d'évoluer facilement autour d'elle.
- **Apportez tout le matériel nécessaire** au harnachement : selle, tapis...
- **Placez-vous de préférence à gauche** de votre cheval.
- **Posez doucement le tapis** vers le milieu de l'encolure puis faites-le glisser jusqu'au garrot. Il est ainsi posé dans le sens du poil, ce qui évite les blessures liées aux frottements à rebrousse-poil.
- **Préparez la selle** en remontant les étriers et en mettant la sangle sur le siège, puis placez-la sur le tapis avec précaution.
- Vérifiez de chaque côté que **le tapis et le sous-quartier ne font pas de plis**. Ensuite, « dégarrottez » en tirant vers le haut le tapis : il ne doit pas toucher le garrot.

• **Descendez la sangle** en faisant attention à ce qu'elle ne heurte pas les tendons de votre monture en tombant.
• **Assurez-vous que la sangle est bien à plat puis serrez-la progressivement** en faisant en sorte qu'elle ne compresse pas trop votre cheval tout maintenant bien la selle. Vous ressanglerez au moment de monter.
• Enfin, **dégagez les plis de peau pris sous la sangle** en soulevant un à un les antérieurs de la monture et en les étirant vers l'avant.

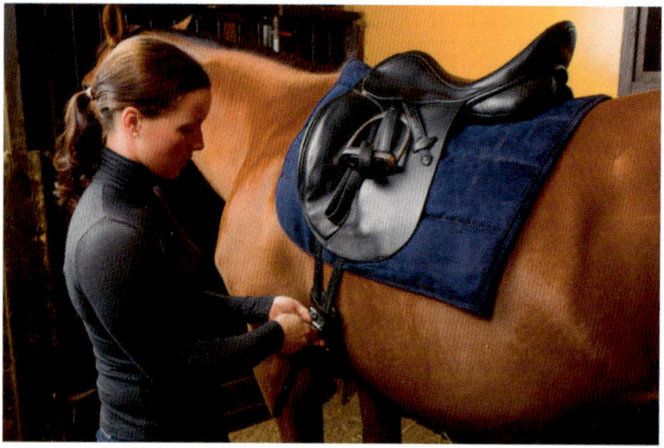

Bridez !

En règle générale, le filet est mis une fois votre cheval sellé.

- **Mettez le licol en collier** autour de son encolure.
- **Passez les rênes par-dessus sa tête**, puis placez-vous de manière à ce que ses ganaches reposent sur votre épaule droite.
- **Prenez le filet dans votre main droite** au niveau des montants de mors, et placez votre main sur son chanfrein afin que le mors arrive sous son menton.
- **De la main gauche, présentez le mors au cheval** en le plaçant devant ses lèvres. S'il ne le prend pas, ouvrez-lui la bouche en passant votre pouce au niveau de la commissure des lèvres : à cet endroit (nommé « barre ») les chevaux n'ont pas de dent. Évitez de frotter le mors sur ses gencives ou de le cogner contre ses dents, cela pourrait lui faire mal.
- Une fois le mors en bouche, remontez votre main droite vers le haut, puis **passez ses oreilles entre la têtière et le frontal**.
- **Dégagez le toupet** et les crins coincés au niveau de la nuque. Bouclez la muserolle et la sous-gorge.

Restez après le cours

Après votre cours d'équitation, pas question de partir directement. Votre monture a besoin de soins...

• Si votre cheval est essoufflé, **faites-le marcher** quelques minutes le temps qu'il reprenne son souffle.
• S'il est en sueur, une fois dessellé, **bouchonnez-le** : prenez une poignée de paille propre et brossez-le avec sur tout le corps en faisant des cercles.
• Si ses membres sont recouverts de boue, **il peut être nécessaire de les doucher.** Mais attention à ne pas lui mouiller le ventre, surtout s'il fait froid.
• Dans tous les cas, **faites-lui un pansage complet.** Vérifiez qu'il n'y a pas de blessure au niveau des zones de frottement avec le filet et la selle, ni au niveau des membres et des pieds.
• L'hiver, il est nécessaire de **mettre une couverture** à certains chevaux fragiles pour qu'ils n'attrapent pas froid. Renseignez-vous au sujet de votre monture.
• **Rangez soigneusement le matériel** : mettez à sécher le tapis de selle, rincez le mors, nettoyez les protections si vous en avez utilisé.

Vérifiez son box

Avant de remettre votre monture dans son box ou sa stalle, vérifiez que tout est prêt pour l'accueillir.

- **Assurez-vous qu'il a accès à de l'eau propre.** Si son abreuvoir est sale, videz-le, débarrassez-le des impuretés et remplissez-le avec de l'eau propre. S'il s'agit d'un abreuvoir automatique, vérifiez qu'il fonctionne. Après une grosse séance de travail, veillez à ce que votre cheval ne boive pas trop d'un seul coup. Cela pourrait le rendre malade.
- **Inspectez sa litière** : elle doit être propre en surface et recouvrir entièrement le sol du box. S'il y a des crottins, retirez-les à l'aide d'une pelle. Si sa litière est constituée de paille, elle doit être disposée en bateau, c'est à dire qu'elle doit remonter légèrement le long des murs.
- N'hésitez pas à **signaler à votre moniteur** ou à la personne chargée des écuries toute anomalie.

Devenez incollable sur son alimentation

Le cheval est un herbivore qui, en liberté, passe plus de la moitié de son temps à se nourrir...

• **L'herbe ou le foin** (herbe séchée) constituent la base de l'alimentation du cheval. Mais il peut être nécessaire d'apporter d'autres aliments comme des céréales (orge, granulés...), des légumes (carottes, betteraves...) ou encore de la luzerne en fonction de son activité, de son poids, de son âge...

• Les chevaux ont un estomac assez petit, c'est pourquoi, lorsqu'ils sont au box, **il est nécessaire de fractionner leur ration de nourriture** en minimum trois repas.

• Pour favoriser une bonne digestion, il est préférable pour chaque repas de **commencer par leur donner de l'eau, puis le foin, et de terminer par les céréales ou les granulés**.

• Pour tromper l'ennui, **les chevaux aiment grignoter de la paille**. Mais celle-ci n'a que peu de valeur nutritive.

• **Les chevaux sont par nature très gourmands**, ils peuvent avoir tendance à se jeter sur leur ration ou en vouloir toujours plus même si cela les rend malades. Il faut donc être très vigilant notamment sur les friandises.

• Les chevaux **doivent également avoir accès régulièrement à une pierre de sel.** Elle va leur apporter les sels minéraux et oligoéléments nécessaires à leur organisme que leur nourriture de base ne comporte pas. Il existe aussi des pierres plus complètes composées de sel, mais aussi de vitamines.

BON À SAVOIR

Le cheval est particulièrement exposé à des **problèmes digestifs graves** parce qu'il ne peut pas vomir. Par conséquent, tout ce qu'il ingère doit obligatoirement traverser son système digestif même si cela le rend malade.

Maîtrisez les soins de l'hiver

Quand les températures chutent, les chevaux ont besoin de soins spécifiques pour passer l'hiver sereinement.

• L'hiver, l'herbe cesse de pousser. Elle est aussi beaucoup moins riche en vitamines. Les chevaux vivant au pré vont donc devoir être surveillés de près : ils peuvent perdre beaucoup de poids. Il faut donc compenser ce manque en **augmentant les rations de foin et/ou de céréales**.

• **Pensez à surveiller les points d'eau**. Ils risquent de geler ! Même s'il fait très froid, les chevaux ont besoin de boire. Pour éviter que l'eau d'un récipient se transforme en glace, laissez flotter dedans un bout de bois.

• **Les membres et les pieds des chevaux sont particulièrement sensibles au froid et à l'humidité.** Crevasses, gale de boue, pourriture de la fourchette... autant de maladies qui guettent les poneys et chevaux qui passent l'hiver au pré.

Pour les prévenir, **enlevez la boue lors du pansage, douchez si nécessaire et surtout séchez bien** après avec une serviette-éponge.

- **Pour protéger les sabots**, appliquez un onguent au goudron de Norvège. Cela va renforcer et durcir la corne.
- Au pré, s'ils ont leur poil d'hiver, la plupart des chevaux n'ont pas besoin d'être couverts à condition qu'ils disposent d'un abri. Par contre, s'ils sont tondus ou s'ils ont un poil peu fourni, ils doivent absolument **rester au box et porter une couverture pour ne pas avoir froid**.

BON À SAVOIR

La majorité des chevaux peut facilement **supporter des températures allant jusqu'à – 15 °C.** En réalité, les équidés supportent beaucoup mieux les grands froids que les grosses chaleurs.

... et de l'été

L'été, les chevaux ont également besoin d'attentions spécifiques pour les aider à affronter les grosses chaleurs.

• S'il vit au pré, assurez-vous qu'**il peut se mettre à l'ombre**.
• S'il vit au box, n'hésitez pas à le lâcher au pré ou en paddock en fin de journée, voire la nuit pour qu'il profite un peu de la fraîcheur nocturne.
• **Laissez une bonne longueur de crinière et de queue** : c'est la meilleure arme des chevaux contre les mouches et les moustiques.
• Veillez à ce que les chevaux aient toujours **accès à de l'eau propre**. Si habituellement un cheval boit entre 20 et 40 litres d'eau par jour, ce chiffre peut facilement doubler en cas de forte chaleur.
• **Évitez les grosses séances de travail** : privilégiez le pas et les exercices calmes, ou pourquoi pas les balades en forêt, idéales pour prendre le frais !
• S'il fait très chaud, **vous pouvez passer une serviette-éponge humide sur l'encolure et le corps de votre cheval, voire le doucher entièrement** (sauf

la tête) à condition de passer ensuite le couteau de chaleur pour « essorer » les poils. Surtout, ne laissez pas sécher votre monture dans un courant d'air.

- Si ses sabots sont secs ou abîmés, **appliquez un onguent nourrissant**, au laurier par exemple, qui va les réparer et leur redonner une certaine élasticité.

BON À SAVOIR

Les chevaux peuvent **attraper des coups de soleil** sur les zones de peau rose (les ladres), notamment sur le nez. N'hésitez pas à appliquer de la crème solaire indice 50 pour les protéger. Si la peau rougit et pèle, appliquez de la Biafine® ou du gel d'aloé véra.

Reconnaissez les principales maladies

Même si vous débutez l'équitation, il est important de reconnaître les principales maladies des chevaux. Si vous repérez certains symptômes lors du pansage, vous pourrez avertir votre moniteur.

- **La colique** fait partie des maladies courantes mais aussi très sérieuses ! Concrètement, il s'agit de douleurs intestinales souvent liées à un ralentissement, voire à un arrêt du transit. Un cheval qui fait une colique ne mange pas, a le ventre sensible, se regarde les flancs, gratte le sol, tourne en rond, se couche, a une attitude inquiète... La colique peut avoir des conséquences très graves, allant jusqu'à la mort du cheval. C'est une urgence vétérinaire.

• Un **cheval qui boite** doit également faire l'objet d'une attention particulière. La boiterie peut être causée par un coup, une tendinite, une douleur au niveau du pied ou du sabot…

• La **fourbure** est une maladie qui touche les chevaux qui mangent trop. C'est une maladie grave qui se caractérise par les pieds des antérieurs chauds et douloureux, une réticence à se déplacer, voire à se mettre debout, une posture avec le poids basculé sur les postérieurs…

• La **gale de boue** est une affection qui touche les chevaux en hiver. Il s'agit d'une irritation de la peau au niveau du paturon, avec des rougeurs, des gonflements, voire des pustules ou des croûtes. Elle est provoquée par l'humidité, la boue, mais aussi une litière mal entretenue, ou encore des piqûres d'insectes. Pour l'éviter, ne coupez pas les fanons (poils à l'arrière des membres) qui jouent un rôle de gouttière.

Soyez un cavalier accompli !

Vous avez désormais presque toutes les cartes en main pour profiter à fond de votre nouvelle passion ! Derniers conseils...

- Gardez en tête que **l'équitation est un vrai sport d'équipe** : votre cheval est votre partenaire ! Prenez soin de lui, soyez juste, il vous le rendra !
- **Monter à cheval doit rester un plaisir** : si un jour vous y allez à reculons, changez de club, de moniteur, de discipline... ou d'activité tout simplement !
- N'hésitez pas à **explorer toutes les facettes de l'équitation**, c'est un sport tellement riche !
- Quand vous partez en voyage à l'étranger, **renseignez-vous sur les possibilités de monter à cheval ou de rencontrer des cavaliers** locaux.
- **Partagez votre passion** mais ne forcez jamais la main ! L'équitation reste un sport qui peut faire peur ou angoisser. Donc soyez enthousiaste mais compréhensif !

INSTITUT
ESTHEDERM

Crédits photographiques

Toutes les images © Shutterstock Premier.

P.93 : Xavier Boudon

Imprimé en Espagne par Unigraf SL

Dépôt légal mai 2020

325540/01- 11043412-mars 2020